Der systemtheoretische Ansatz zur Verbesserung der Steuerung eines Unternehmens, Auswirkungen von technologischen Entwicklungen, Anreiz-Beitrags-Theorie und Käuferverhalten

Anabel Seidel

Bibliografische Information der Deutschen Nationalbibliothek:

Die Deutsche Nationalbibliothek verzeichnet diese Publikation in der Deutschen Nationalbibliografie; detaillierte bibliografische Daten sind im Internet über http://dnb.d-nb.de abrufbar.

ISBN: 9783346837493
Dieses Buch ist auch als E-Book erhältlich.

© GRIN Publishing GmbH
Nymphenburger Straße 86
80636 München

Druck und Bindung: Books on Demand GmbH, Norderstedt Germany
Gedruckt auf säurefreiem Papier aus verantwortungsvollen Quellen

Das vorliegende Werk wurde sorgfältig erarbeitet. Dennoch übernehmen Autoren und Verlag für die Richtigkeit von Angaben, Hinweisen, Links und Ratschlägen sowie eventuelle Druckfehler keine Haftung.

Das Buch bei GRIN: https://www.grin.com/document/1337759

Einsendeaufgabe

Modul: Betriebswirtschaftslehre

Alternative A

versandt am 02.07.2021

SRH Fernhochschule Riedlingen

von
Anabel Seidel

Studiengang: Betriebswirtschaft und interkulturelle Kommunikation (B.A.)

Inhaltsverzeichnis

Gender Erklärung

Aus Gründen der besseren Lesbarkeit wird in dieser Einsendeaufgabe die Sprachform des generischen Maskulinums angewendet. Es wird an dieser Stelle darauf hingewiesen, dass die Verwendung der männlichen Form geschlechtsunabhängig verstanden werden soll.

Abkürzungsverzeichnis

bzw.	=	beziehungsweise

1 Aufgabe 1

Die Betriebswirtschaftslehre (BWL) kann als Lehre der wirtschaftlichen, technischen, organisatorischen und finanziellen Abwicklungen in Betrieben bzw. Unternehmen betrachtet werden. [1]

Da man heute nicht mehr von Universalwissenschaften spricht, fällt die Betriebswirtschaftslehre unter den Deckmantel der Individualwissenschaften. Um eine konsequentere Einteilung aller Wissenschaften zu ermöglichen gibt es jedoch abgegrenzte Bereiche, die auch Erfahrungsgegenstände genannt werden, um eine zielführende Einteilung der einzelnen Wissenschaften zu ermöglichen. Die Betriebswirtschaftslehre selbst wird in den Individualwissenschaften zunächst den Realwissenschaften zugeordnet, da die Erfahrungsgegenstände, also beispielgebend Betriebe, Märkte und Ähnliches, real beobachtbare Phänomene sind, im Gegensatz zu den Formalwissenschaften, zu denen unter ancerem die Mathematik zählt. Hierbei können keine Beobachtungen plastischer Phänomene gemacht werden. Weiters werden die Realwissenschaften in Kultur- und Naturwissenschaften eingeteilt. Die Betriebswirtschaftslehre ist dabei Teil der Kulturwissenschaften, da die bereits erwähnten Erfahrungsgegenstände durch menschliches Handeln bestimmt und beeinflusst werden. Die Naturwissenschaften hingegen basieren auf „natürlichen Erfahrungsobjekten". In den Kulturwissenschaften gibt es mehr als zwei Unterkategorien. Hier wird die Betriebswirtschaftslehre der Wirtschaftswissenschaft zugeteilt, die sich schlussendlich in Betriebs- und Volkswirtschaftslehre unterteilt.

Die Betriebswirtschaftslehre ist in vielen Aspekten mit der Volkswirtschaftslehre verbunden. Prinzipiell sind beide Lehren an denselben Themen – Produktionsfunktionen in Betrieben, Märkte, Kosumverhalten, um einige wenige zu nennen – interessiert. Die Volkswirtschaftslehre nutzt die Beobachtungen und Untersuchungen, um Empfehlungen für die Wirtschaftspolitik in Bezug auf Inflation, Konjunktur oder Wachstum abzugeben. Es werden in der Volkswirtschaftslehre

---

[1](https://www.enzyklopaedie-der-wirtschaftsinformatik.de/wi-enzyklopaedie/lexikon/uebergreifendes/Disziplinen%20der%20WI/Betriebswirtschaftslehre
Betriebswirtschaftslehre, Sven Husmann vom 01.11.2012 - 10:22)

grundsätzlich gesamtwirtschaftliche Beobachtungen und Aussagen gemacht. Hingegen ist es das Ziel der Betriebswirtschaftslehre, das erfasste Wissen für die Steuerung des Leistungserstellungs- und Leistungsverwertungsprozesses eines Betriebes einzusetzen.

Dass die Betriebswirtschaftslehre eine interdisziplinäre Wissenschaft ist, lässt sich nicht nur am Beispiel der Volkswirtschaftslehre und deren Gemeinsamkeiten erkennen. Auch ist eine Abgrenzung von anderen Lehren, insbesondere von den Sozialwissenschaften, nicht immer einwandfrei möglich. Vor allem nutzt die Betriebswirtschaftslehre die Rechtswissenschaften, Soziologie, Psychologie, Ingenieurswissenschaften, Mathematik, Statistik und ähnliche Lehren, um Antwort zu generieren.

Dadurch entstehen Interdisziplinäre Betriebswissenschaften wie Wirtschaftsrecht, Wirtschaftspsychologie, Wirtschaftsinformatik oder Wirtschaftspsychologie.[2] Der interdisziplinäre Charakter der Betriebswirtschaftslehre lässt sich an einem allgemeinen Beispiel erklären.

Man stelle sich einen Arzneimittelhersteller vor. Während der Gründung spielen unter anderem die Erstellung eines Businessplans sowie Transport und Logistik der Arzneimittel zum Endkonsument bzw. Arzt eine Rolle. Aus diesem Grund werden die Elemente des Ingenieurswesen herangezogen, in Form eines Wirtschaftsingenieurs. Bei der Wahl der geeignetsten Rechtsform bedient man sich des Wirtschaftsrechts. Erleidet das Unternehmen aufgrund eines Skandals durch ein Medikament einen Rückschlag, ist es erforderlich, das Vertrauen der Käufer durch gezielte Maßnahmen wieder zu erlangen. Hierbei sind Erkenntnisse im Bereich der Psychologie notwendig, die im Marketing eingesetzt werden müssen.

Die Betriebswirtschaft als Managementlehre zeigt, dass die grundlegenden Aufgaben des Managements die Untersuchung der soziokulturellen, technologischen, ökonomischen und politisch-rechtlichen Bedingungen in einem betrieblichen Umfeld sind. Dies macht deutlich, dass auch im Praxistransfer der Betriebswirtschaftslehre Interdisziplinarität eine entscheidende Rolle spielt, um ein

---

[2]https://www.enzyklopaedie-der-wirtschaftsinformatik.de/wi-enzyklopaedie/lexikon/uebergreifendes/Disziplinen%20der%20WI/Betriebswirtschaftslehre Sven Hussmann

verstärktes betriebswirtschaftliches Verständnis durch Einflüsse anderer Wissenschaftsdisziplinen zu erreichen.

2 Aufgabe 2

Hans Ulrich (1919-1997) brachte ursprünglich den systemtheoretischen Ansatz der Betriebswirtschaftslehre in den deutschsprachigen Raum. Demnach werden auch Erkenntnisse aus anderen Wissenschaften auf Probleme in Unternehmen angewandt. Dies unterstreicht den interdisziplinären Charakter der Betriebswirtschaftslehre.

In der Praxis wird der systemtheoretische Ansatz zur Verbesserung der Steuerung eines Unternehmens angewendet.

Diesem Ansatz zufolge Systeme, die aus einzelnen Elementen bestehen und eine geordnete Gesamtheit ergeben.   Ordnen sich diese Elemente dem System unternehmen unter, kann man sie als Subsysteme bezeichnen.

Diese sogenannten Subsysteme können in der Betriebswirtschaft beispielsweise Abteilungsbereiche oder Teams sein, die einen festgelegten, untergeordneten Platz in der Firmen-Hierarchie einnehmen.

Jedoch kann auch das einzelne Unternehmen sogenannten Suprasystemen unterliegen. Solche Suprasysteme sind bsp. Konzerne oder Verbände, in die das Unternehmen eingebunden ist. Somit kann das Unternehmen selbst zum Subsystem eines Verbandes oder Konzerns werden. Trotzdem wird es über eigene dispositive Faktoren gesteuert, als produktives und zweckorientiertes System betrachtet und ganzheitlich gesteuert, da es weiterhin ein soziales Regelkreissystem ist, das das Ziel hat, die Interessen aller Steakholder, intern sowie extern, zu berücksichtigen und zu verfolgen. Somit zeigt der systemtheoretische Ansatz die Verknüpfung und Beziehung unterschiedlicher Systeme auf.

Ein Beispiel für solch ein Unternehmen als geordnete Gesamtheit unterschiedlicher Elemente ist das spanische Textilunternehmen Inditex, welches als Suprasystem der Marken „Zara", „Zara Home", „Bershka", „Massimo Dutti", „Pull & Bear", „Oysho", „Stradivarius" und „Uterqüe" fungiert. Zwar verfügt jedes dieser Subunternehmen über eine eigene Führungsebene, sie werden somit ganzheitlich gesteuert, sind aber als Subunternehmen Teil des sozialen Regelkreissystems der

„Industria de Diseño Textil S.A." und haben die Zielsetzung, die Interessen der internen Stakeholder, zb. Management, Anteilseigner oder Mitarbeiter sowie der externen Stakeholder, zb. Kunden oder Lieferanten zu erfüllen. Der systemtheoretische Ansatz hat in der Betriebswirtschaft einen Fortschritt in zwei Bereichen erwirkt. Einerseits wird das System „Unternehmen" dadurch in Zusammenhang mit seiner Umwelt gebracht und so das Augenmerk auf die Einbindung von Organisationen im Umfeld gelegt, andererseits wird im Unternehmen selbst die statische Vorstellung der Zusammenführung verschiedener Produktionsfaktoren in den Regelkreis mit einbezogen.

Das Konzept des systemtheoretischen Ansatzes beschreibt im Allgemeinen, dass jedes System in eine Umwelt eingebunden ist. Ulrich zufolge sei es nur möglich, die Funktionen eines Systems vollständig zu verstehen, wenn man das übergeordnete Supersystem betrachtet. Danach könne man beispielsweise die Anforderungen der Umwelt an das System erklären und seine Eigenständigkeit bzw. die des Unternehmens ableiten. Unternehmen müssen sich ständig mit ihrer Umwelt auseinandersetzen, um ein Gleichgewicht zwischen Suprasystem, System und Subsystem zu erhalten. Dieser Anpassungsprozess wird als kybernetischer Steuerungsprozess verstanden und stellt den andauernden Prozess der Kontrolle und Planung im Zusammenhang mit den Zielen eines Unternehmens dar. Daraus resultiert die Betrachtung des Unternehmens als Regelkreissystem.

Entscheidend ist, den „Soll-Ist-Vergleich" durchzuführen, um gegebenenfalls Korrekturen vorzunehmen. So kann man negative
Auswirkungen für das Unternehmen verhindern. Ein Beispiel ist ein Kunststoffverarbeitungsunternehmen, das hauptsächlich Produkte wie Regale und Tresen für Messen produziert. Aufgrund der derzeitigen Corona-Krise konnte das Unternehmen die geplanten Absatzzahlen nicht erreichen und hat die Produktion auf Plexiglasschutzscheiben für Supermärkte und Apotheken, um einen weiteren Einbruch des Umsatzes zu verhindern.

Die Blackbox in der Systemtheorie wird meist grafisch als schwarzer Kasten dargestellt und soll einzelne Systeme veranschaulichen, deren interne Prozesse für den Betriebswirten nicht wichtig sind und daher nicht genauer analysiert werden. Somit betrachtet man zwar den Input und den Output, interessiert sich jedoch nicht dafür, wie dieser Output zustande kam. Es handelt sich lediglich um das Betrachten, das Erstellen von Zusammenhängen zwischen In- und Output und das eventuelle Eingreifen bzw. Manipulieren. Die Ursache-Wirkungs-Beziehung spielt dabei keine Rolle.

Einen entscheidender Vorteil des systemtheoretischen Ansatzes ist, dass das Unternehmen nicht als isoliertes System gesehen wird, sondern offen gegenüber seiner Umwelt ist. Ebenfalls wird so aus unterschiedlichen Sichtweisen auch auf Aspekte in den Bereichen Technologie, Ökonomie, Psychologie und Soziologie eingegangen.

Mit Unsicherheiten in Bezug auf diesen Ansatz ist die Sichtweise des Unternehmens als Black Box zu sehen und ob man den Ansatz tatsächlich als Lösung für Praxisprobleme einsetzen kann. Ebenfalls muss man in der Praxis in Betracht ziehen, dass hinter jedem Output Menschen stehen, somit auch Wertungen, Gefühle, Interessen und Kenntnisse eine Rolle spielen und rein durch das Beobachten das Verstehen und Prognostizieren des Inneren des Systems nicht möglich ist.

3 Aufgabe 4

technologische Entwicklungen auf die Situation des Unternehmens auswirken! Beschreiben Sie Unternehmen und technologischen Entwicklungen gehen dann (ausführlich!) auf die Auswirkungen dieser Entwicklungen ein!

PTS Packing, Transport, Services & Logistics GmbH, hier nachfolgen „PTS Logistic Group" abgekürzt, ist ein Transport- und Logistikunternehmen mit Hauptsitz in Bremen und weiteren Standorten in Hamburg, Bremerhaven, Heeslingen, Mönchengladbach und Ravensburg. Es ist ein mittelständisches Unternehmen mit ca. 180 Mitarbeitern, wurde als PTS Logistics GmbH 1989 gegründet und bietet kundenspezifische Verpackungs- und Transportlösungen für Klein- und Großteile sowie eine Lager- und Werkslogistik. [3]
Um Verpackungen für Transportkisten bestmöglich zu planen und die Logistik zu optimieren, hat PTS Logistics Group als erstes Unternehmen weltweit die ‚Microsoft HoloLens" eingesetzt. Die „HoloLens" ist ein Brille, die Daten und virtuelle Informationen in das Blickfeld des Brillenträgers projiziert und diese Informationen durch eine Raumerkennung in die tatsächliche Umgebung des Trägers eingliedert.

Aufgaben, für die das Unternehmen die HoloLens Brille als technologischen Fortschritt einsetzen will, ist beispielsweise die Verpackung und der Transport von sperrigen Anlageteilen, die über keine einheitlichen Verpackungsmaße verfügen und daher maßangefertigte Verpackungen benötigen. Durch den Einsatz der HoloLens spart man Zeit, indem der Techniker nicht mehr von Hand abmessen muss und somit auch keine Skizze anfertigen muss. All das wird von der 3D-Brille übernommen. So ist es „PTS Logistics Group" möglich, effizienter zu arbeiten und Zeit einzusparen, die ohne die HoloLens Brille für das aufwendige Entwerfen einer maßgeschneiderten Verpackung verwendet werden müsste.

---

[3] Vgl. https://www.pts-logistics.de/pts-group/#details

Die Digitalisierung in der Logistik durch eine derartige Brille ist weltweit einzigartig. So war es dem Unternehmen wichtig, die eigenen Arbeitnehmer in das Projekt einzubinden. Zum einen hat man die Praxiserfahrung der Mitarbeiter genutzt, zum anderen diente es dem sozialen Gefüge und der Gemeinschaftszugehörigkeit, ein gemeinsames Projekt in die Realität umzusetzen. Ebenfalls war es dem Unternehmen möglich, mit diesem Projekt eine Schlüsselrolle im Bereich Augmented Reality in der Logistik zu erreichen. Die Kosten für den Einsatz der HoloLens konnte das Unternehmen gering halten, da im ersten Testversuch lediglich die technologischen Möglichkeiten der Brille ausgetestet wurden.

4   Aufgabe 5

Die Anreiz-Beitrags-Theorie ist ein Bestandteil des verhaltenstheoretischen Ansatzes der Betriebswirtschaftslehre, der sich mit dem tatsächlichen statt dem logischen Entscheidungsverhalten von Menschen und Organisationen beschäftigt. Im Grunde wird die Anreiz-Beitrags-Theorie auf Simon und March zurückgeführt. Ein Unterpunkt des verhaltenstheoretischen Ansatzes ist das Thema jener Entscheidungen, die außerhalb oder am Rande einer Organisation getroffen werden. Dadurch ergeben sich verschiedene Fragen zu Teilnahme- und Beitragsentscheidungen. Beispiele dafür sind die Suche nach Gründen für den Eintritt in Organisationen oder weshalb es in einer Organisation zu einer Fluktuation kommen kann. Weiters wird auch nach Faktoren, die das Engagement eines Individuums für die Organisation bestimmen, gesucht. Individuen in Organisationen sind in der Praxis beispielsweise als LieferantInnen, KundInnen, MitarbeiterInnen oder Führungskräfte zu verstehen.

Solche Fragen versucht man durch den verhaltenstheoretischen Ansatz mit der Anreiz-Beitrags-Theorie zu beatworten. Diese Theorie drückt aus, dass ein ständiges Gleichgewicht zwischen Beiträgen und gesetzten Anreizen für alle Teilnehmer einer Organisation gegeben sein muss, um das Bestehen dieser Organisation zu sichern.

Die Theorie kann als Art Kreislauf angesehen und anhand eines verallgemeinerten Beispiels erklärt werden:
Die Organisation bietet gute Konditionen jeglicher Art, sodass sich zukünftige Teilnehmer für diese Organisation und nicht für eine andere entscheiden. Damit hat die Organisation mit den Konditionen einen Anreiz gesetzt. Für diesen Anreiz, beispielsweise der Lohn oder eine Vergütung, erbringt der Teilnehmer einen Beitrag. Dieser Beitrag ist wiederum die Quelle, aus dem die Organisation die Mittel für den Anreiz zur Teilnahme des Individuums schöpft. Es ist ein stetiger Kreislauf, der ununterbrochen im Gleichgewicht bleiben muss. Gerät er aus dem Gleichgewicht,

kann das wirtschaftliche Folgen für die Organisation haben oder für das Individuum ein Grund sein, keine Beiträge mehr zu erbringen.

Nachfolgend wird anhand der drei Anspruchsgruppen „Kunden, Mitarbeiter und Lieferanten" eines Unternehmens gezeigt, welche Beiträge und Anreize erbracht werden können.

Zuerst wird auf die Anreiz-Beitrags-Beziehung zwischen dem Kunden und dem Unternehmen eingegangen. Der wesentliche Anreiz, für den Kunden sind die Produkte bzw. Dienstleistungen, die das Unternehmen erbringt und die der Kunde kauft. Im Gegenzug leistet der Kunde durch einen Geldbetrag einen Beitrag für das Unternehmen, der in den Kreislauf gerät und das System von Anreizen und Beiträgen im Gleichgewicht hält. Um den materiellen Beitrag des Kunden zu erhalten, setzt das Unternehmen neben dem Produkt an sich weitere Anreize, um einen Verkauf herbeizuführen.

Die Kaufentscheidung soll durch das Decken der Bedürfnisse der Kunden begünstigt werden. Die Bedürfnisse können von der Qualität eines Produkt, über den Preis bis hin zum Aussehen reichen. Ebenso zählen Aktionen und Kundenservice dazu. Je nachdem, welches Produkt das Unternehmen an welchen Kunden verkaufen möchte, müssen die Anreize angepasst werden. So setzt ein Hochwert-Möbelhändler vor allem durch hohe Qualitätsversprechen einen Anreiz. Ein Möbeldiscounter wird als ausschlaggebenden Anreiz hingegen mit niedrigen Preisen zum Kauf bewegen.

Das nächste Beispiel der Anreiz-Beitrags-Theorie ist die Unternehmen-Mitarbeiter-Beziehung. Wie bereits erwähnt zählt in dieser Beziehung der Lohn des Mitarbeiters als wichtigster materieller Anreiz. Dafür verzichtet er auf Anreize anderer Unternehmen. Der Arbeitnehmer akzeptiert sein weisungsgebundenes Handeln, die übergeordneten Führungsebenen und den mit der Arbeit verbundenen Zeitaufwand und dadurch zeitlich gegebene Einschränkungen im Gegenzug für den Lohn, die Vergütung und weitere gesetzte Anreize.

Im Gegensatz leistet er (im-)materielle Beiträge durch sein „Knowhow" und seine Zeit für das Unternehmen. Neben den monetären werden auch nicht-monetäre Anreize immer entscheidender für Unternehmen und ihre Mitarbeiter. Grund dafür ist das Vermeiden einer hohen Mitarbeiter-Fluktuation oder unzufriedener Mitarbeiter und eine hohe Motivation. Solche Anreize sind beispielsweise Kinderbetreuung, die vom Unternehmen unterstützt oder angeboten wird, flexible Arbeitszeiten, Mitarbeitergespräche, Lob und konstruktive Kritik, Aufstiegschancen im Unternehmen, gemeinsame Team-Bildungs-Events, offene Kommunikation und Transparenz.

Eine 30-jährige Arbeitnehmerin mit einem zwei-jährigen Sohn hat die Wahl zwischen dem Unternehmen A, das einen höheren Lohn bietet, aber nicht die Möglichkeit der Kinderbetreuung oder des Homeoffice hat und dem Unternehmen B, das zwar einen geringeren Lohn zahlt, dafür aber die Option des Homeoffice und der Kinderbetreuung anbietet. Die Arbeitnehmerin wird sich vermutlich für das Unternehmen B entscheiden, da dies trotz des niedrigeren Gehalts Anreize bietet, die besser zu ihrer derzeitigen Lebenssituation passt.

Die dritte Anspruchsgruppe sind die Lieferanten. Lieferanten leisten Beiträge, die das Unternehmen gegen Anreize in Anspruch nimmt. Die Beiträge können Roh-, Betriebs- und Hilfsgüter oder Dienstleistungen sein, die das Unternehmen zum Erhalt benötigt. Dafür setzt das Unternehmen Anreize, sodass der Lieferant seine Ware and das Unternehmen und nicht an die Konkurrenz ausliefert.
Neben der reinen Bezahlung können Anreize auch immaterieller Natur sein. Beispiele dafür sind Vertrauen, Zuverlässigkeit gegenüber dem Lieferanten für eine erleichterte Planbarkeit oder die Sicherheit weiterer Aufträge. Die Beiträge müssen im Gegenzug qualitativ und preislich zu den vom Unternehmen gesetzter Anreizen passen, um ein Gleichgewicht zu erreichen.

Zusammenfassend lässt sich sagen, dass bei allen Anspruchsgruppen eine Balance zwischen Anreizen und Beiträgen notwendig ist und das Beziehungsmanagement abgestimmt sein muss, um beidseitige Zufriedenheit für ein (langfristiges) Zusammenwirken zu schaffen.

5   Aufgabe 6

Das Käuferverhalten fällt im Marketing in die Phase der Analyse und Prognose und wird in die fünf Phasen des Kaufprozesses unterteilt: Bedürfnisrealisierung, Informationssuche, Alternativenbewertung, Kaufentscheidung und Verhalten nach dem Verkauf. Bei Kaufprozessen ist immer entscheidend, was das Kaufobjekt ist und wie der Käufer agiert.

Generell werden rationale Käufe in extensive Kaufentscheidungen – cer Käufer wählt aus einer großen Anzahl an Alternativen – und Limitierte – der Käu*er hat nur wenige Alternativen zur Verfügung – geteilt.

Bei weniger rationalen Käufen werden impulsive und habitualisierte Käufe unterschieden.

Handelt es sich um einen Schokoriegel, fällt er in die Kategorie „Impulskauf". Mit hoher Wahrscheinlichkeit hat der Käufer nicht alle möglichen Varianten von Schokoriegeln verglichen, bevor er sich für den einen entschieden hat. Hingegen spricht man beim Kauf eines Eigenheims aufgrund der vielen Alternativen aus denen gewählt wurde und der rationalen Entscheidung von einem extensiven Kauf. Inwiefern sich das Käuferverhalten aufgrund des Kaufobjekts unterscheidet, wird am Beispiel des Schokoriegels und des Eigenheims deutlich gemacht.

Wie bereits erwähnt handelt es sich beim Schokoriegel um einen Impulskauf, der auf den Gefühlen zum Zeitpunkt der Auswahl beruht. Über den Kauf eines Eigenheims wird zu einem großen Teil mit Verstand entschieden. Gefühle rücken dadurch in den Hintergrund und Alternativen werden verglichen.

Die erste Phase des Käuferverhaltens ist die Bedürfnisrealisierunc. Es gilt, herauszufinden, was den Käufer zum Kauf eines Produktes bewegt. Das Motiv für den Kauf des Schokoriegels ist, den Appetit und das Bedürfnis des Hungers zu stillen.

Im Gegensatz dazu ist der Kauf des Eigenheims mit dem Bedürfnis nach einer Unterkunft und Sicherheit verbunden. Für das Marketing sind die Motive und

Bedürfnisse hinter einem Kauf für die passende Produkt- und Angebotsgestaltung maßgeblich.

In der zweiten Phase steht die Informationssuche im Vordergrund. Weiß das Marketing, wo Kunden ihre Informationen her beziehen, kann auf den Kunde präziser Einfluss genommen werden. Beim Kauf eines Schokoriegels fällt die Informationssuche sehr kurz aus bzw. gänzlich weg. Beim Eigenheim hingegen ist dieser Prozess um einiges entwickelter und präziser. Der Käufer betreibt eine aufwendige Recherche um mehr zu vergleichsweisen Objekten, durchschnittlichen Quadratmeterpreisen oder zusätzlichen Kosten in Erfahrung zu bringen, sodass eine Entscheidung leichter fällt.

Die Alternativenbewertung ist die dritte Phase und beschäftigt sich, wie bereits der Name verrät, mit der Suche und Bewertung von alternativen Kaufmöglichkeiten. So ist es dem Käufer möglich, das für ihn am passendste Produkt, das seinen Kriterien entspricht, zu finden.
Der Käufer des Schokoriegels hat die direkte Auswahl zwischen verschiedenen Riegeln im Regal. Seine Auswahl ist stark limitiert, hat keine risikoreichen Folgen und fällt im Vergleich zum Eigenheim dadurch wesentlich kürzer aus.
Beim Kauf des Eigenheims ist die Alternativbewertung um einiges komplexer, vor allem, da es ein risikoreicherer Kauf ist als der Schokoriegel. Die im vorherigen Prozess gesammelten Informationen werden genau verglichen, um die bestmögliche Variante zum günstigsten Preis zu finden.

Die nächste Phase ist die Kaufentscheidung, bei der das passende Kaufobjekt gefunden wurde und der Kauf in Betracht gezogen wird. Dieser Prozess ist jedoch noch nicht der Kauf an sich, da durch unvorhersehbare Situationen dieser noch verhindert werden kann. Das Marketing versucht, solchen Ereignissen vorzubeugen.

Beim Schokoriegel kann es beispielsweise passieren, dass der Käufer im letzten Moment sieht, das dieser Nüsse beinhaltet, gegen die der Käufer allergisch ist oder er wird von einer zweiten Person darauf hingewiesen, wie ungesund der Riegel sei. Beim Eigenheim kann es vor Vertragsabschluss zu zuvor übersehenen Baumängeln oder Chemikalienbefall kommen, die die Immobilie unbewohnbar machen oder eine Sanierung erfordern und das Kaufobjekt so nicht mehr attraktiv machen.

Die letzte Phase des Käuferverhaltens, das Verhalten nach dem Verkauf, beinhaltet die Ermittlung der Käuferzufriedenheit, warum Kunden das Produkt kaufen oder warum sie sich dagegen entscheiden.
Wenn der Schokoriegel dem Verkäufer geschmeckt hat, kann es sein, dass er bei einem erneuten Kauf zum selben Produkt greift. Beim Eigenheim fällt die Möglichkeit des erneuten Kaufs sehr gering aus und daher wird hier eher die Kundenzufriedenheit und die mögliche Weiterempfehlung des Immobilienmaklers, sofern einer hinzugezogen wurde, betrachtet.

Das Kaufverhalten beim Erwerb eines Eigenheims und eines Schokoriegels unterscheidet sich in allen Phasen stark. Unterschiedliche Motive und Bedürfnisse führen zu unterschiedlichen Auswirkungen, auf die das Marketingteam eingehen muss.

Literaturverzeichnis

Knoke, M. (2017). Studienbrief der SRH Fernhochschule – The Mobile University: Betriebswirtschaft als Managementlehre (1. Auflage). Riedlingen.

Knoke, M. (2017). Studienbrief der SRH Fernhochschule – The Mobile University: Betriebswirtschaft als Wissenschaft (1. Auflage). Riedlingen.

Internetverzeichnis

https://www.enzyklopaedie-der-wirtschaftsinformatik.de/wi-
enzyklopaedie/lexikon/uebergreifendes/Disziplinen%20der%20WI/Betriebswirtscha
ftslehre Betriebswirtschaftslehre, Sven Husmann vom 01.11.2012-10:22)
[Zugriff am 12.06.2021]

https://www.enzyklopaedie-der-wirtschaftsinformatik.de/wi-
enzyklopaedie/lexikon/uebergreifendes/Disziplinen%20der%20WI/Betriebswirtscha
ftslehre Sven Hussmann [Zugriff am 12.06.2021]

https://www.pts-logistics.de/pts-group/#details [Zugriff am 20.06.2021]